# बूंदों सी बातें

मेराज हसन 'मीम'

**First** Published in 2024


**Becomeshakespeare.com**

One Point Six Technologies Pvt Ltd
Unit no. 26, Grd Floor, A1, Shram Safalya,
Wadala Truck Terminal Road, Near Post Office,
Antop Hill, Mumbai - 400037, India





ISBN - 978-93-6263-078-0

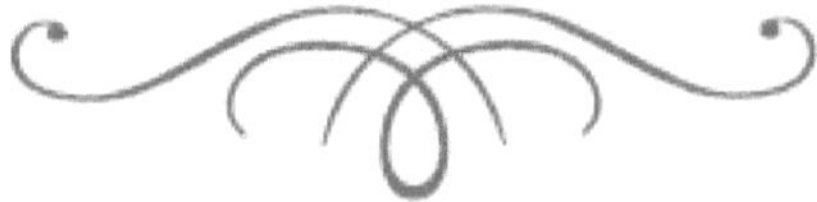

उन लफ़्ज़ों के नाम, जिन्हें कभी कोई नज़्म
नसीब नहीं हुई...

# Acknowledgment

I never knew I had a book (of poems) in me and here I am writing this note of thanks for my second book of poems. I am indebted to many for making this happen, starting with my precious readers who kept encouraging me to come up with another collection. Thanks a lot for all the love and support...please keep showering the same, always!

Then, I'd like to thank certain beautiful and tremendously gifted people who came forward to add the right ingredients to this collection. Vaibhavi Deshmukh for creating the mesmerizing cover art, Tarun Durga for the riveting and relevant illustrations on the inside pages, Narendra Kusnur for writing the beautifully nostalgic foreword and Ashish Khazanchi for writing the punchy sleeve note.

I'd also like to thank my publishers Become Shakespeare for their continued faith in me as a writer. After having done a fabulous job on my first book they have done the same again.

Which brings me to Khyaalon Ki Tapri, my first book of poems. I'll always be grateful to this little book of 50 odd poems for giving me the kick-start and for giving me the feeling that I had more in me.

And finally, I'd like to thank my parents for bringing me up in a household that always had quality literature and music in copious amounts. It has been heavily instrumental in giving birth to 'meem'. Thank you, Abbu & Ammi!

-

**Meraj Hasan 'meem'**
June, 2024

मेराज हसन 'मीम'

# Foreword

Three years after he released **Khyaalon Ki Tapri**, his debut book of poetry, Meraj Hassan 'meem' is coming out with his second collection. Titled **Boondon Si Baatein**, it is a collection of couplets inspired by his experiences and thoughts.

I have known the poet for over 11 years, and he has always come across as someone with multiple interests. We both worked at the Reliance corporate office in Navi Mumbai, and our first meeting was on March 30, 2013. I remember the date because we talked about our backgrounds, and after realising that rock music was a common interest, we started chatting about that day's 'Birthday Boy', guitarist Eric Clapton.

After a few meetings, it became evident that our common tastes weren't restricted to rock music. He liked other forms of music too, like old Hindi film songs, ghazals, jazz and western classical. We talked about British and American literature, saxophonist John Coltrane, parallel cinema, Indian theatre, the films of Roman Polanski and Krzysztof Kieslowski, mostly about creative pursuits. We never spoke about work since we have been in diverse fields – his areas of expertise are advertising and branding, and those days, I was into corporate training. Of course, I had been a music journalist for long, and since he had begun writing vinyl record reviews, we shared a common profession after a point.

Obviously, Meraj loves anything to do with words – a passion that continues till today. Whether it is ad copy, writer Ernest Hemingway, songwriter Van Morrison or lyrics written by the masters of Hindi cinema, he loves how people express themselves. I once asked him about his favourite poet, and he mentioned Majaz Lakhnawi – which I thought was an unusual choice because it was a name not too many take off-hand.

Slowly, we talked a lot about Urdu and Hindi poetry. Many conversations revolved around one of his idols Gulzar, with whom Meraj shares his August 18th birthday. He would also recite lines from various other poets, like Shahryar's, "Bichde logon se mulaqaat kabhi phir hogi, dil mein ummeed toh baaki hai, yakeen kuchh kam hai" or Faiz Ahmed Faiz's "Faiz thi raah sar-basar manzil, hum jahaan pahunche kaamyaab aaye".

The love for poetry slowly inspired Meraj to compile his own verses. He began using the takhallus (nom de plume) of 'meem', which is the letter 'm' in the Arabic alphabet. His first book Khyaalon Ki Tapri received a fantastic response. As an extension of his passion, he also started the podcast Mehfil-e-meem on Spotify, covering poets as diverse as Ghalib, Faiz, Majaz, Sahir Ludhianvi, Kaifi Azmi, Gulzar, Rabindranath Tagore, John Keats, Pablo Neruda, Leonard Cohen and Bob Dylan, among others.

Meem has divided his new book **Boondon Si Baatein** into three parts. The first, 'Love & Longing', contains couplets about the start, middle and end of a relationship. The second section 'Reflections' is about how he sees the world, gathered from his experiences. Finally, 'Craft' is about the process meem uses in writing couplets.

A lot can be said in two lines. To quote the opening line of one of the poems from this book, "**Har Lafz Ke Saath Ek Umr Guzaarni Padti Hai...**" While that line is deep enough on its own, the second line appearing in the 'Craft' section adds weight to the couplet. So over to meem, wishing him all success.

**Narendra Kusnur**
Music Journalist
Mumbai, 2024



बूंदों सी बातें

दोस्तों,

माफ़ कीजियेगा, ज़रा वक़्त लग गया इन शेरों और पंक्तियों को जमा करने में।

उम्मीद करता हूँ ये छोटी छोटी 'बूंदों सी बातें' जब आपके दिल पे पड़े तो एक सौंधी सी ख़ुशबू आये और आपके जहां को मुअत्तर कर दे।

-

मेराज हसन 'मीम'
जून, २०२४

# Part I

## Love & Longing

दिल के मौसम में फिर से बहार आयी है,

अब देखो ना जाने कैसे कैसे फूल खिलेंगे ।।

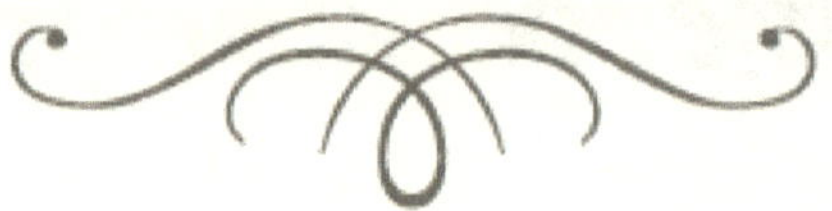



बूंदों सी बातें

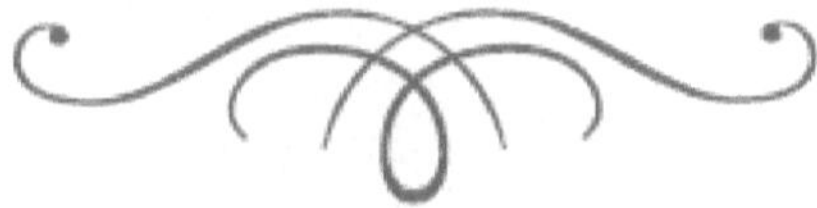

उधर वो लेते हैं अंगड़ाई, 'मीम',

इधर दिल के सारे ज़ख़्म भरे जाते हैं ।।

कौन कम्बख़्त तुम पे मरता है,

हम तो यारां तुम पे जीते हैं ।।



बूंदों सी बातें

हम काफ़िर हुए तो क्या हुआ,
आपके यक़ीन पे तो यक़ीन है ।।

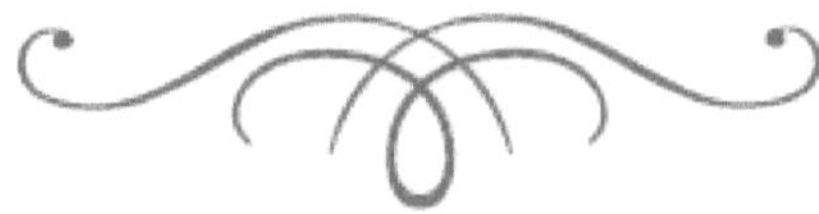

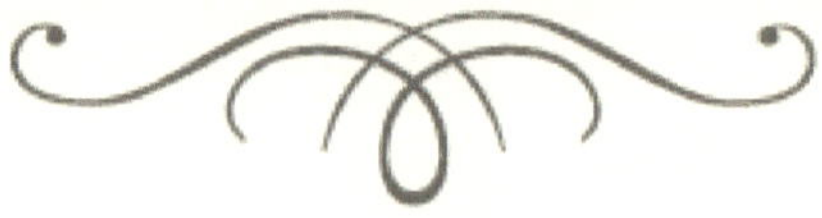

जबसे तेरी उदासी की ख़बर फैली है,

ख़ुशी बस तेरी ही पता ढूंढती फिर रही है ।।



बूंदों सी बातें

यां तेरे गेसुओं की शिकन याद आयी,
वां ख़्यालों में एक हसीन सा मोड़ आया ।।

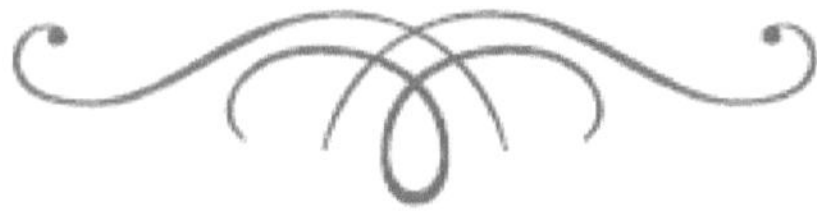



मेराज हसन 'मीम'

मौक़ा मिले तो मेरी नींद वापस भेज दीजियेगा,
आजकल आप ही के आस पास घूमती रहती है ।।

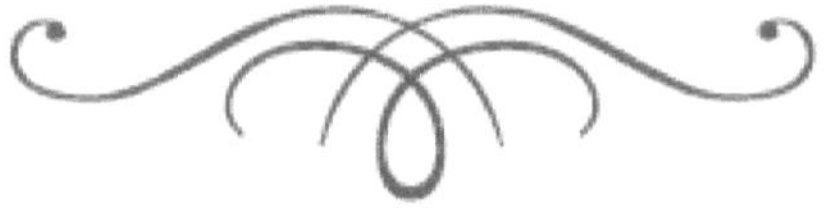



बूंदों सी बातें

अब ख़ुशबू ख़रीदने की ज़रूरत नहीं रही,
दिन भर तेरे ख़्यालों से मुअत्तर रहता हूँ ।।

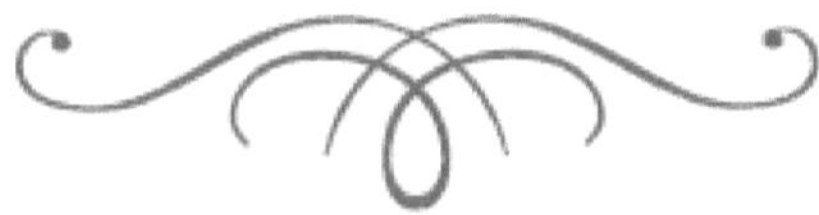



मेराज हसन 'मीम'

सोचता हूँ मैं कि तोहफ़े में तुम्हें एक ग़ज़ल भेजूं,

और तुम उनके लफ़्ज़ों को खोलते हुए धीरे धीरे

मुस्कुराओ ।।



बूंदों सी बातें

बिखरता हूँ मैं तुमसे मिलके,

सिमटता भी हूँ तुमसे ही मिलके ।।

दिल के किवाड़ को न खोलो
पर वो खिड़की खुली रखना,

किसी रात आ जाऊँगा अंदर,
दबे पाँव चांदनी बनकर ।।

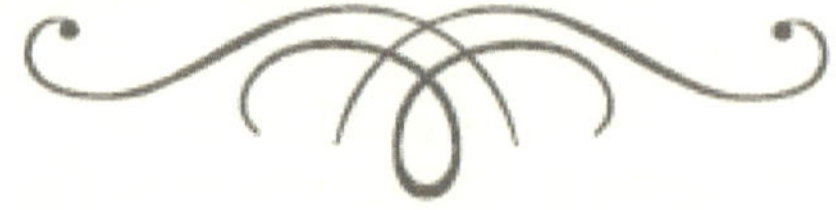



बूंदों सी बातें

अपनी बारिश की सलाख़ों में क़ैद कर लो,

कि बोहोत बंजर हो रखी है ज़मीं मेरे दिल की ।।

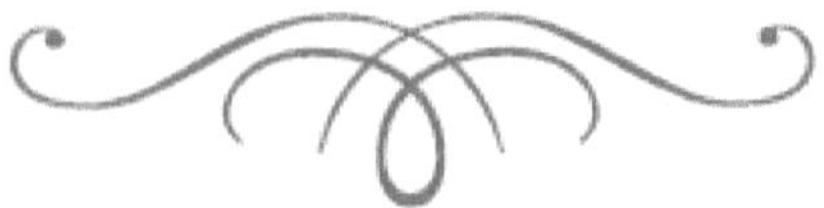

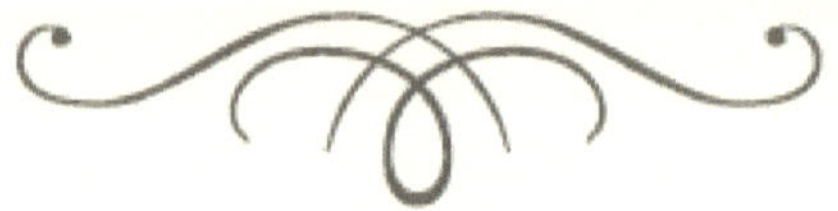

एक ज़रा नींद को मौक़ा दे दो,

फिर तेरे ख़्वाब हम ख़ुद ही देख लेंगें ।।

एक कविता लिखनी है तुम्हारी पीठ पर,

अपनी उँगलियों को दिल में डुबोकर ।।

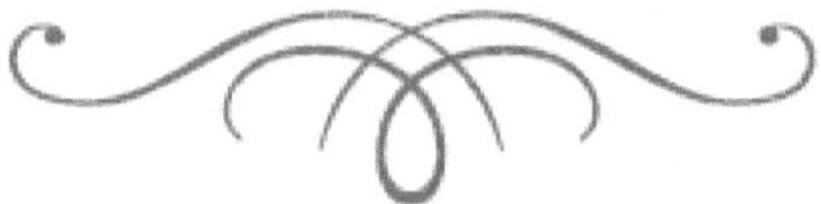

अभी इसी वक़्त तेरे होठों की शिद्दत से,

रात थम गयी है...अभी इसी वक़्त ।।

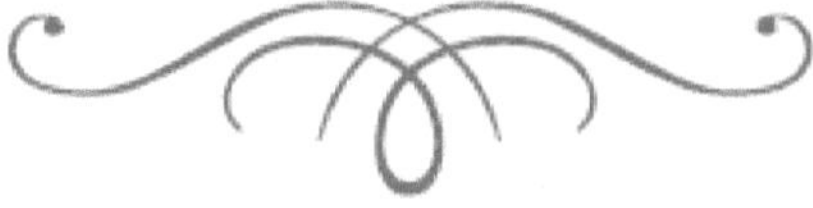

दिन अँधेरे रहते हैं तेरी कमी से,

रातें रौशन रहतीं हैं तेरी मौजूदगी से ।।

तुम मेरी हलीम हो मेरी जान,
रात भर प्यार से तुम्हें पकाऊँगा ।।

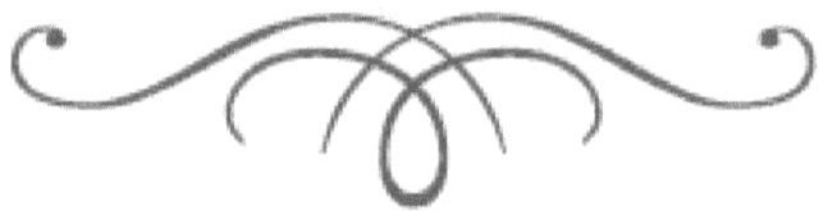



बूंदों सी बातें

एक तुम और तुम्हारे साथ सुबह की नींद,
और रखा ही क्या है इस ज़िन्दगी में, 'मीम' ।।

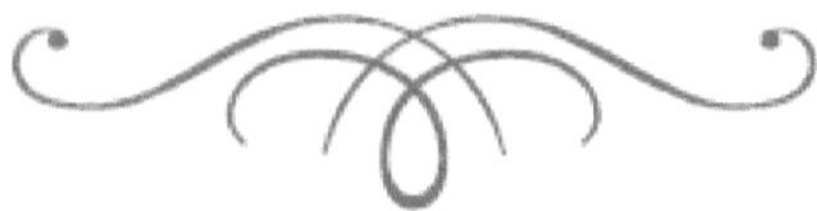

मेराज हसन 'मीम'

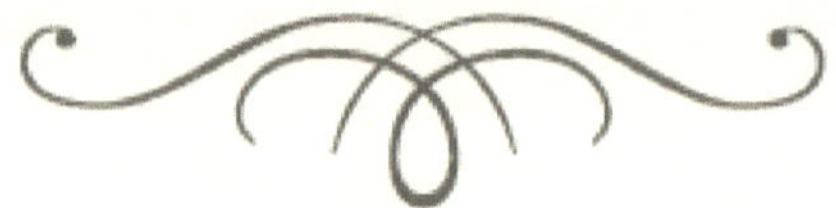

नयी नयी नौकरी लगी है,

मुझे भूल कर काम करना ।।

मुझे तेरी नाराज़गी के परे जाना है,

वहां, जहाँ तेरा प्यार बसता है ।।

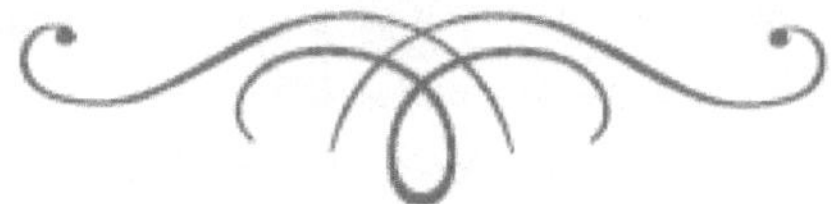

मेरी ख़ामोशी ने तुम्हें कितनी आवाज़ दी,

क्या कभी तुमने उन्हें सुना?



बूंदों सी बातें

याद है वो रेस्टोरेंट हम अक्सर बैठे रहते थे जहां,
हमारे प्यार की तरह अब वो भी बंद है पड़ा ।।

मेराज हसन 'मीम'

तुम रोज़ कहा करतीं थीं, 'शाम रहते रहते आ जाना',
अब देखो रात भर मारा मारा फिरता हूँ और कोई
पूछता तक नहीं ।।

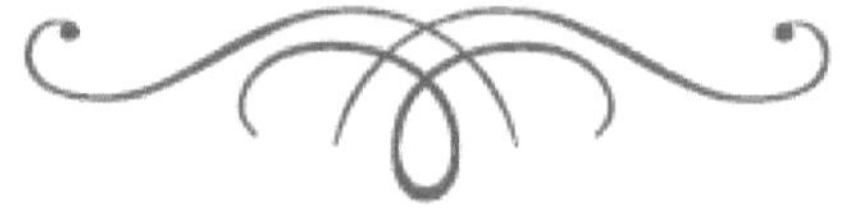



बूंदों सी बातें

वो लाल मोतियों वाले चप्पल
अभी भी रखे हैं अलमारी में,

क्या पता उन्हीं को ढूंढते हुए
इस दर पर फिर से चले आओ ।।

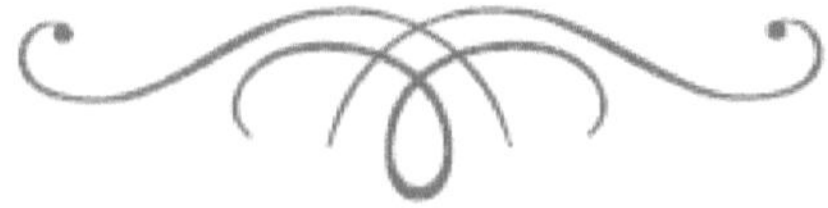

मेराज हसन 'मीम'

माना की अब हमारा वक़्त बदल गया है,

पर घड़ी तो वही पहनती हो
जो मैंने तोहफ़े में दी थी ।।

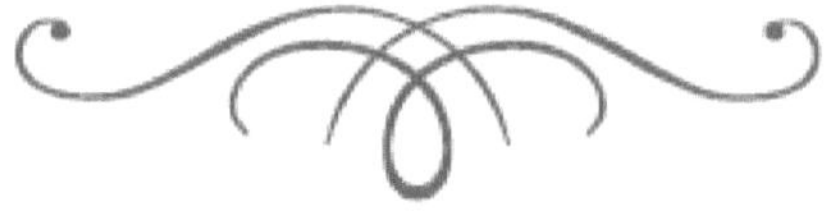



बूंदों सी बातें

आज फिर किसी ने तेरे बारे में पुछा,

आज फिर मेरे पास कोई जवाब ना था ।।

मेराज हसन 'मीम'

तेरा नाम लिए एक लिफ़ाफ़ा कब से पड़ा है मेज़ पर,

बस अब ये ख़त लिखने
में एक उम्र सी लग रही है ।।

तेरा रँग कच्चा था उतरने लगा है धीरे धीरे,

अब जाना की इश्क़ में भी मिलावट होती है ।।

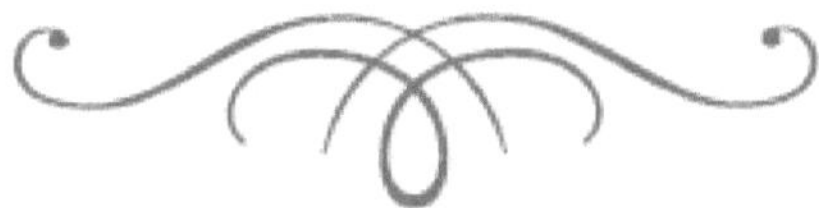

ये ना हुआ कि तुझसे नफ़रत कम की,

ये भी ना हुआ कि तुझसे इश्क़ कम किया ।।

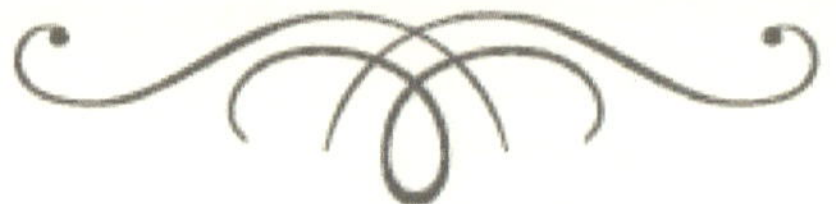



बूंदों सी बातें

एक एक करके दिल की साड़ी सिलवटें मिट गईं, 'मीम',

घर की इस्तिरी को लेकिन
अब भी तेरे कपड़ों की शिकन याद है ।।

मेराज हसन 'मीम'

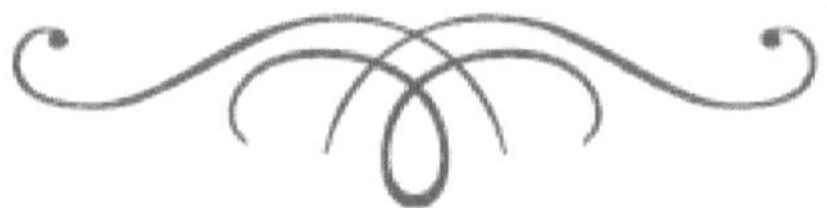

माना कि भूल गया हूँ तुमको,

पर याद तो रोज़ाना आ जाते हो ।।

जब भी लगने लगता तुझसे आज़ाद हो गया हूँ,
किसी ख़्वाब के बहाने आकर
फिर से जकड़ लेते हो ।।

मेराज हसन 'मीम'

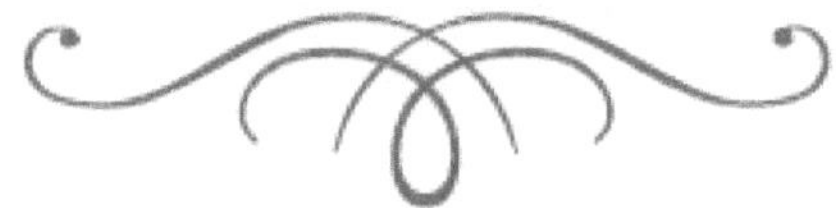

एक तेरी कमी ही सही,
चलो मेरे पास कुछ तो है ।।

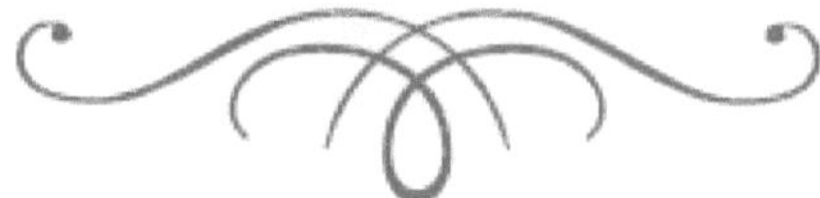

भेजी थी एक दुआ,
तुम्हें मिली क्या ?

मेराज हसन ‘मीम’

शर्मसार सा हूँ मैं अपने अशआर पे,
जो हमारे दरमियाँ था वो लफ़्ज़ों के परे था ।।



बूँदों सी बातें

वो एक तेरी याद का खंजर, 'मीम',
सारी रात दिल को लहू करता गया ।।

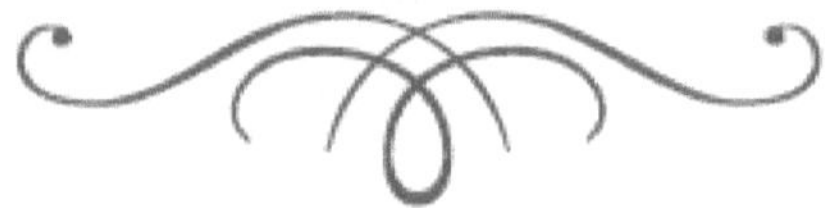

तु नहीं तेरा ग़म ही सही,

गुज़ार लेंगें इसी से हम ज़िन्दगी ।।

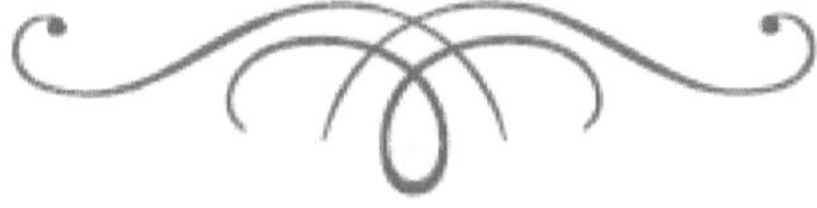

दिल को ऐसे संभालते हैं आजकल, 'मीम',

कोई बेवा अपने ज़ेवर संभालती हो जैसे ।।

तेरी याद में है जो शफ़ा वो कु-ए-यार में कहाँ,

वरना ये 'मीम' कब का बेवफ़ा बन बैठता ।।

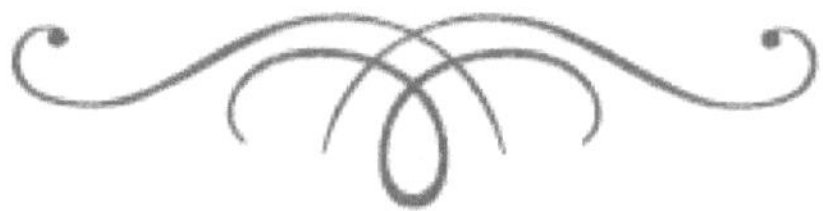

'मीम' ये दिल कैसी कश्मकश में रहता है,

उन्हें भूलने के लिए भी उन्हें याद करना पड़ता है ।।

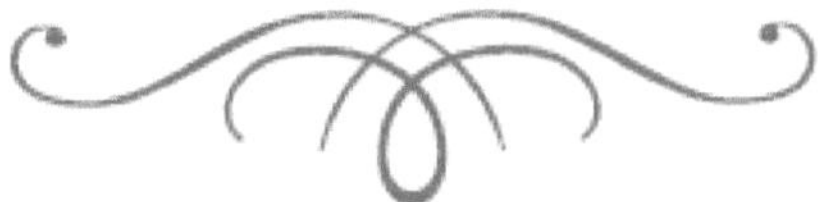

मेराज हसन 'मीम'

सोचा तो था की सोचेंगे नहीं तेरे बारे में,
क्या करें दिल दिमाग़ से फिर जीत गया ।।

कभी कभी सोचता हूँ यूँही बैठा बैठा,

कि तुम करती क्या हो मेरी यादों का ।।

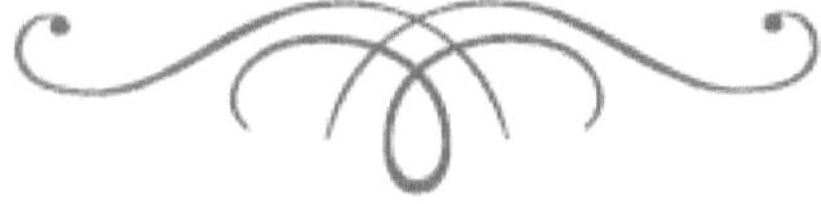

मेराज हसन 'मीम'

रहता तो अब भी वहीँ हूँ तेरे दिल में कहीं,

ये बात और है कि तेरे दिल को ख़बर नहीं ।।

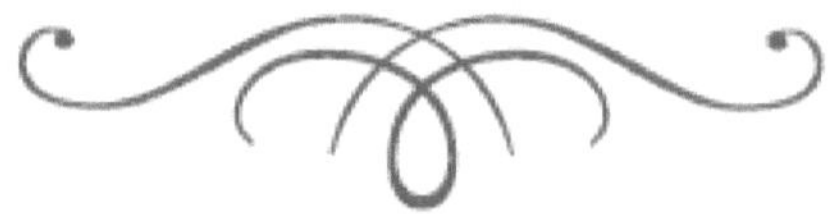

कहते थे कभी जी न सकेंगे एक दुसरे के बिना,

देखो आज तुम ज़िंदा हो और हम भी हैं ज़िंदा ।।

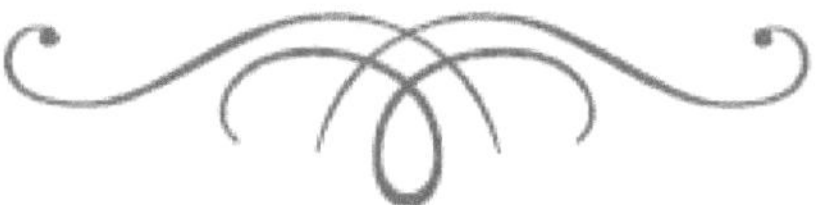

सुना है मिल गया है तुम्हें कोई,

अब देखना कितनी याद आएगी हमारी ।।

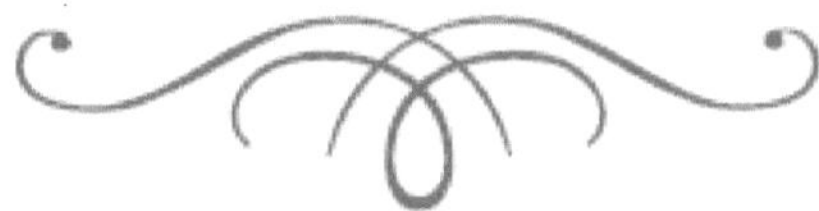

आजकल ख़्वाबों में कुछ ज़्यादा आ रहे हो,

आजकल तुम भी तन्हा से हो रहे हो क्या?

मेराज हसन 'मीम'

तेरा सच भी सच था और मेरा सच भी सच,
इन सच्चाइयों के बीच हमारा रिश्ता झूठा हो गया ।।

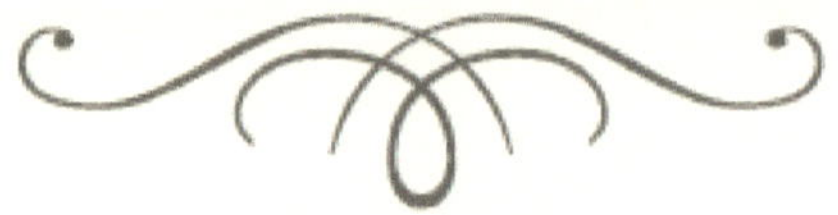



बूंदों सी बातें

तुमने तो रिश्ते को बख़ूबी दफ़ना दिया था,
अब आओ देखो कैसे कैसे फूल खिलें हैं क़ब्र पर ।।

मेराज हसन 'मीम'

# Part II

## *Reflections*

ग़म से दोस्ती करो 'मीम',

ख़ुशियाँ तो आनी जानी हैं ।।

रात तन्हा नहीं है 'मीम',
देखो कितने ग़म साथ हैं ।।



बूँदों सी बातें

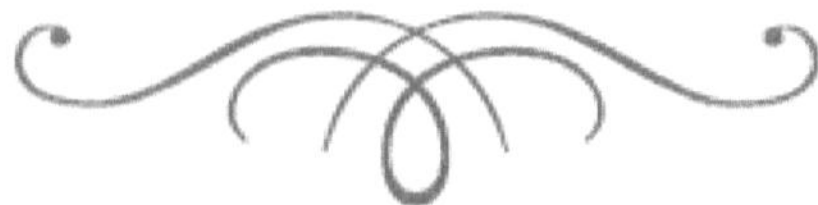

रात को क्यों कुरेदते रहते हो 'मीम',
दिल को कुरेदो, असली रात तो वहां है ।।

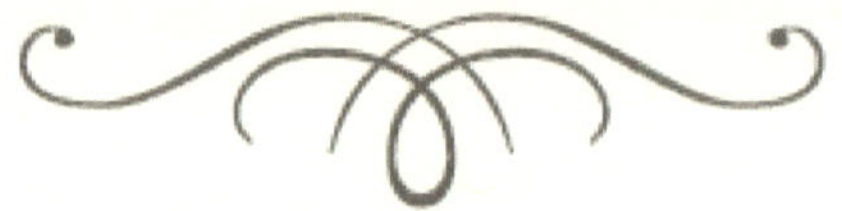

रात गहरी है तो है, 'मीम'
हम भी कोई कम गाढ़े नहीं ।।

बारिश, रात, तन्हाई, दिल,

अब क्या क्या संभाले ये 'मुआ मीम' ।।

मेराज हसन 'मीम'

रोता क्यों है 'मीम'
ये रात भी काट जायेगी...

कल भी तो यही हुआ था ।।

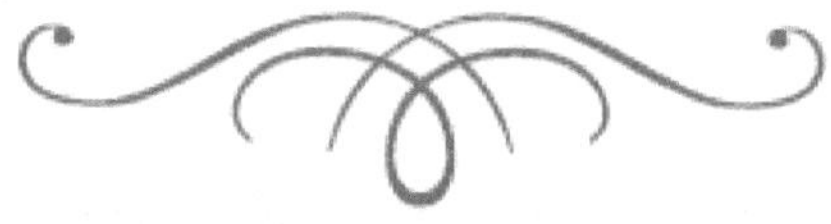



बूंदों सी बातें

ये तन्हाई अकेली नहीं है, 'मीम',

कुरेदोगे इसे तो कई बेवफ़ा मिलेंगें ।।

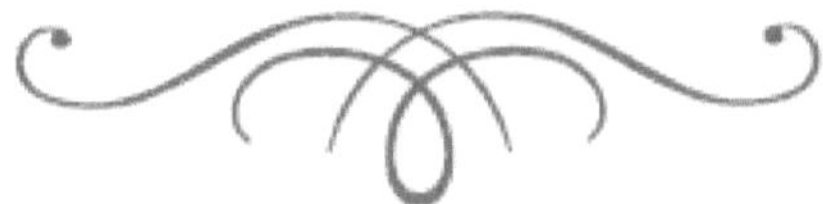

मेराज हसन 'मीम'

शुरुआत तो ख़ुशी से ही की थी, 'मीम'
न जाने कैसे ग़म साथ आते चले गए ।।

बूंदों सी बातें

मुश्किलों की शिकायत क्यों करते हो, 'मीम',

किसने कहा था ज़िन्दगी आसान होगी ?

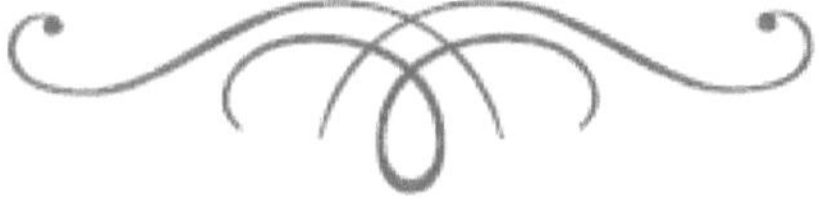

मेराज हसन 'मीम'

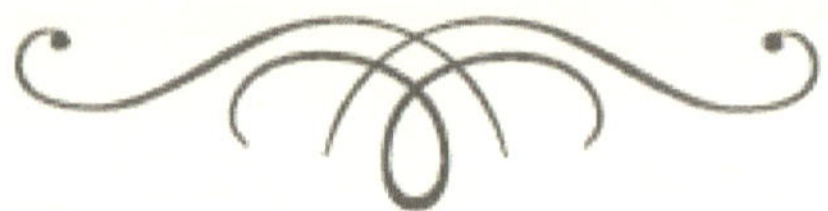

तुम बचपन हो,

और मुझे बड़ा नही होना ।।

कुछ उलझनें ता-उम्र रहें,
जैसे तुम और मैं ।।

बोहोत जी करता है बचपन का दरवाज़ा खोलूं,

अंदर जाऊं और वापस कभी ना आऊं...



बूंदों सी बातें

कहाँ जाऊं कि तुम्हें ना पाऊं,

कहाँ जाऊं कि तुम्हें ही पाऊं ।।

मेराज हसन 'मीम'

ये दुनिया तेरी ही ज़ुल्फ़ों के तले सांस लेती है,

जो बंधे हों तो दिन, जो खुले हों तो शब ।।

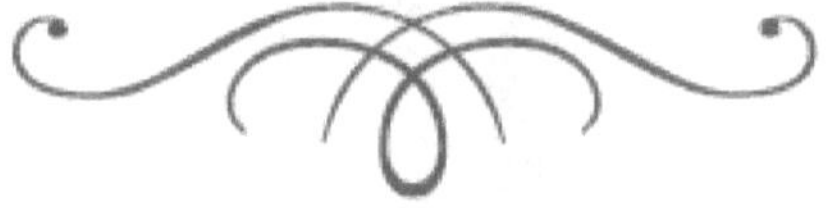



बूंदों सी बातें

एक बस तू ही काफ़ी है,
एक बस तेरी ही कमी है ।।

किसी और की क्या शिकायत करें, 'मीम'

ख़ुद से थोड़ी वफ़ा कर लें वही काफ़ी है ।।

ज़िन्दगी की कलाई मड़ोरने से सिर्फ़ तकलीफ़ ही
हासिल होगी,

उसका हाँथ पकड़ साथ चलो तो शायद मंज़िल भी
मिल जायेगी ।।

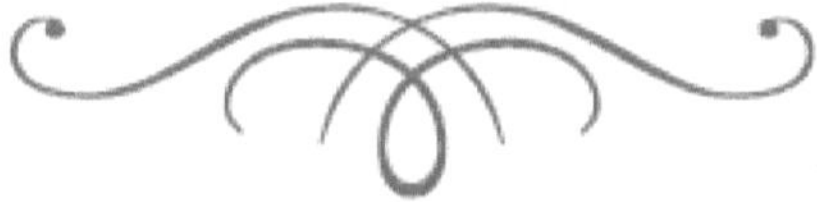

बोझ तो हमेशा से उठाते आ रहे हैं, 'मीम',
पहले किताबों का बस्ता था,
अब ज़िन्दगी की गठरी है ।।



बूंदों सी बातें

माज़ी के मर्तबान में यादों का अचार डाल रखा है,

ज़िन्दगी जब ज़रा रूखी लगती है,
उसे चख लेता हूँ ।।

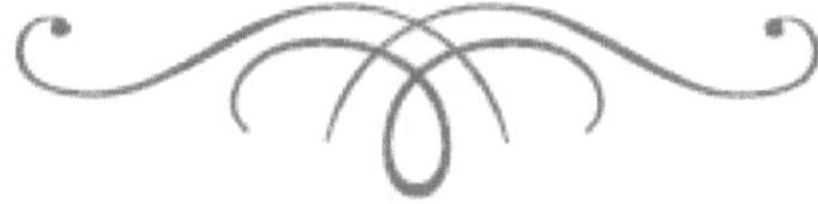

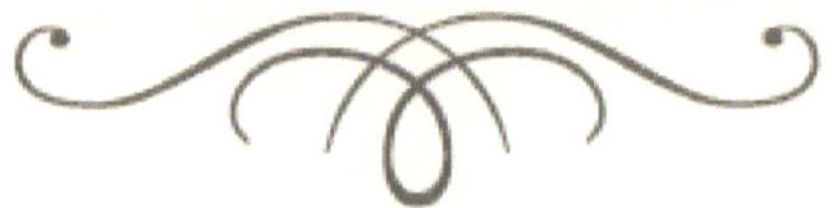

खुशियों के 'पल' होते हैं, बीत जाते हैं,

ग़म में एक 'ठहराव' रहता है, रह जाता है ।।



बूंदों सी बातें

इस बार की बारिश में यादों को भी भीग जाने दो,
फिर धीरे धीरे सौंधी सौंधी सी ख़ुशबू आएगी उनसे ।।

मेराज हसन 'मीम'

# Part III

## Craft

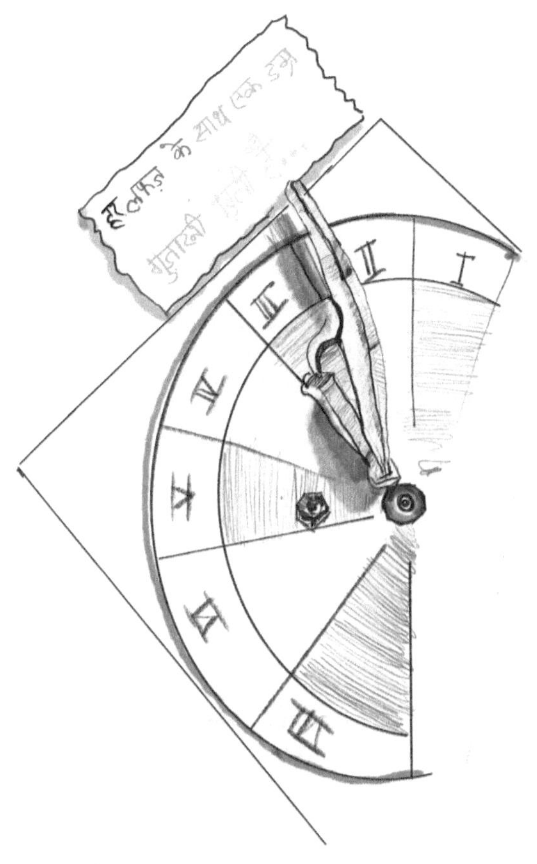


हर लफ़्ज़ के साथ एक उम्र गुज़ारनी पड़ती है,
फिर जाकर एक सलीक़े की नज़्म निकल पाती है ।।

मेराज हसन 'मीम'

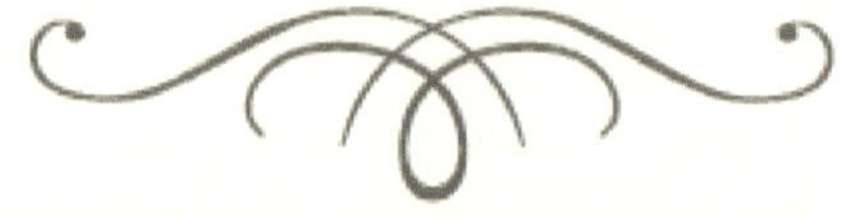

आज क्या लिखा 'मीम'?

कुछ भी नहीं...


आज सिर्फ़ उन्हें याद किया ।।



बूंदों सी बातें

आधा शेर लिखा पड़ा है,
तुम आकर पूरा कर दो ।।

मेराज हसन 'मीम'

तुम्हें मेरी कविताएं अच्छी लगतीं हैं?
वो सारी तुमसे ही तो निकलतीं हैं ।।



बूंदों सी बातें

रात भर तेरी यादों  से बातें कीं,

फिर जाकर सुबह एक शेर निकला ।।

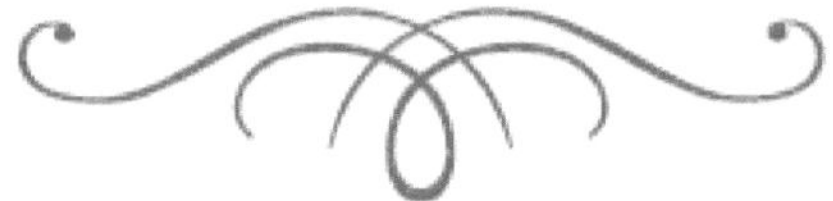

माफ़ करना हम वफ़ा ना कर पाए तुमसे, 'मीम',

लोगों से ज़्यादा अब लफ़्ज़ों की आदत हो गयी है ।।



बूंदों सी बातें

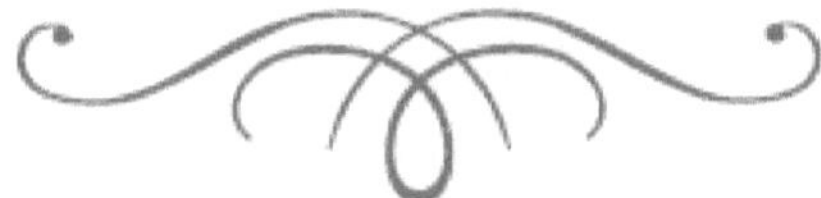

हर बार इश्क़ ने क़त्ल किया,

हर बार शायरी ने ज़िंदा किया ।।

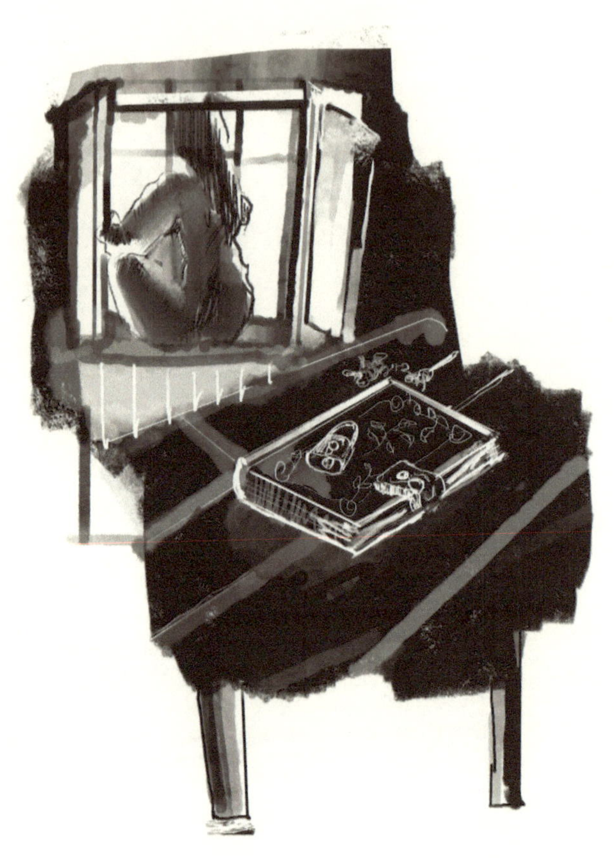

आधी रात ढले लफ़्ज़ों की चादर ओढ़े,

एक अधूरी नज़्म निकली है
अपने शायर से मिलने ।।



बूंदों सी बातें

थोड़े बिखरे से हैं, थोड़े अधूरे से भी,

अब जैसे भी हैं ये शेर हैं तो तुम्हारे ही, 'मीम' ।।

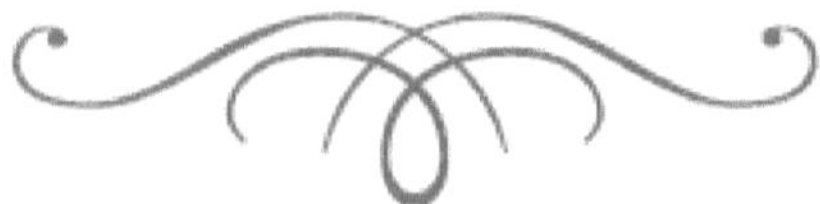

मेराज हसन 'मीम'

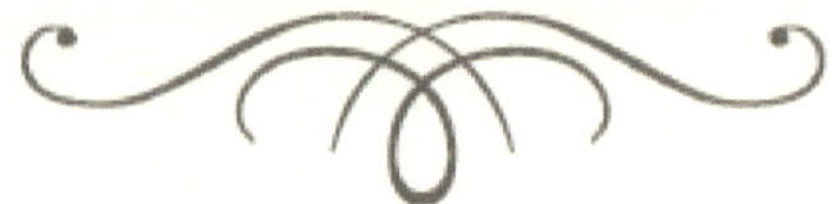

एक क़तरा दिल का गिरा यां,
एक शेर लिखा गया वां ।।

ज़िंदगी में ठहराव नहीं आया तो क्या,

चलो शायरी में तो आ गया है 'मीम' ।।

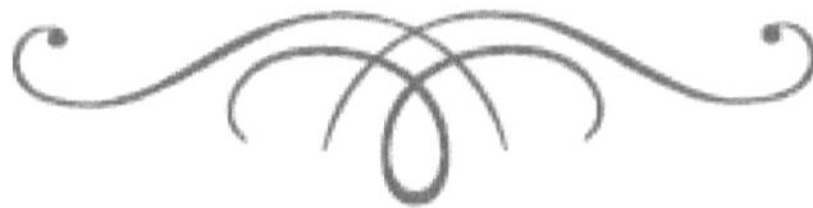

मेराज हसन 'मीम'

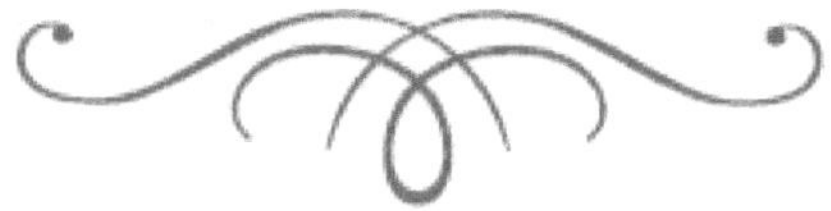

बड़े चोर हैं ये अल्फ़ाज़ 'मीम' के,

ख़्यालों को बस यूँ उड़ा ले जाते हैं ।।

शायरी थोड़े ही न करता है ये 'मुआ मीम',
बस दिल की गुत्थियों को सुलझाता रहता है ।।

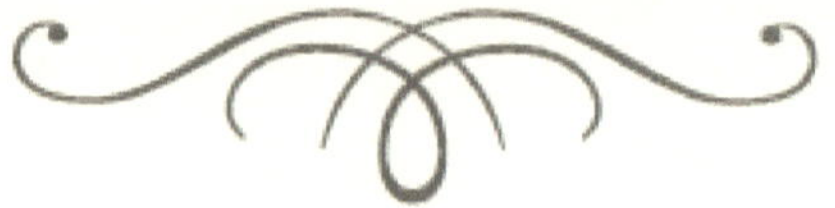

शायरी के लिए हालात जमा नहीं किये, 'मीम',

ग़लती तो हालात की है जिसने शायर बना दिया ।।

और फिर से एक शेर ज़हन से फिसला,

लफ़्ज़ों का तो पूछो मत
जब ख़्याल ही बिखर गया ।।

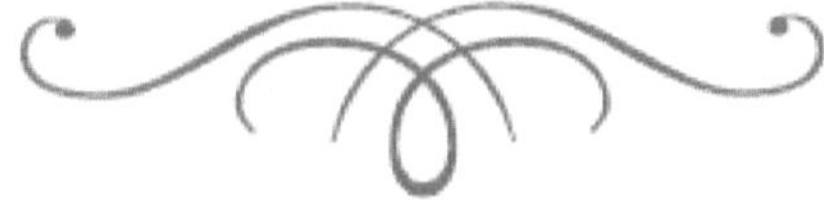

मेराज हसन 'मीम'

ख़्याल तो बेचारे हमेशा से वफ़ादार हैं, 'मीम',

बस ये मुए लफ्ज़ हैं
जो आँख मिचौली खेलते रहते हैं ।।

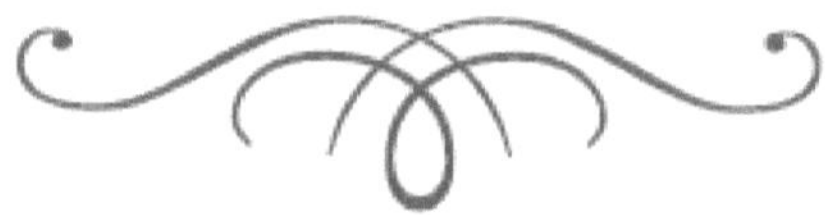



बूँदों सी बातें

ये शेर उन लावारिस लफ़्ज़ों के नाम है,
जिन्हें कभी कोई नज़्म नसीब नहीं हुई ।।

# Epilogue

बारिश की हल्की बूंदें, आँखों की भारी बूंदें,
कुछ ऐसी ही हैं ये छोटी छोटी 'बूंदों सी बातें' ।।